Streu KONFETTI IN DEIN Leben

Kleine Glücksmomente
für jeden Tag

arsEdition

MALE DIR DEIN LEBEN BUNT(ER)

Jeder Tag steckt voller Möglichkeiten, und es gibt unzählig viele Gründe, um glücklich zu sein – du musst dir nur den schönsten aussuchen. Entdecke täglich eine Portion Motivation oder Inspiration für

MEHR SONNENSCHEINMOMENTE

und mache jeden Tag zu einem bunten Abenteuer. Zähle nur die schönen Stunden und sammle Glücksmomente und einmalige Erinnerungen.

FEIERE DIESEN TAG
OHNE BESONDEREN GRUND –
EINFACH,
WEIL DAS LEBEN SCHÖN IST!

SCHREIBE
DREI DINGE AUF,
FÜR DIE DU
dankbar BIST.

MACHE EINE ZEITREISE
UND BESUCHE EINEN ORT
AUS DEINER KINDHEIT.

Anderen
eine Freude zu machen,
macht glücklich!

Probiere es aus
und biete jemandem
deine Hilfe an.

Im Kopf muss
immer etwas Platz bleiben –
– für Flausen und Fantasie!
Reserviere unter einem ausgefallenen
Künstlernamen einen Tisch in einem
Restaurant und lass dich
dort königlich bedienen.

SCHREIBE OHNE ZU ÜBERLEGEN

DREI DINGE AUF,

DIE DU AN DIR MAGST.

MACHE ETWAS ZUM *ersten* MAL.

MACHE WIEDER EINMAL ETWAS, DAS DU LANGE NICHT MEHR GETAN HAST.

BASTLE EIN
GLÜCKSMOMENTE-GLAS
FÜR DEINE SCHÖNSTEN
ERINNERUNGEN.

UND WEIL DIE IDEE SO SCHÖN IST:
BASTLE NOCH EIN
GLÜCKSMOMENTE-GLAS
UND VERSCHENKE ES
AN EINEN LIEBEN MENSCHEN.

Kaufe

deiner Zimmerpflanze

ein neues Zuhause

und topfe sie

auch gleich

um.

SCHLECHTE LAUNE?
SCHAUE DIR EIN VIDEO
MIT HUNDE- ODER
KATZENBABYS AN.

IN ALLEM LÄSST SICH
ETWAS *Schönes* FINDEN!
BEOBACHTE EIN GEWITTER
UND STAUNE ÜBER DIE
NATURGEWALTEN.

Verzichte eine Woche auf etwas,
zum Beispiel auf Schokolade oder Kaffee,
das Auto oder den Fernseher.
Danach wirst du solche Kleinigkeiten
wieder mehr zu schätzen wissen.

MACHE ES WIE
DER VERRÜCKTE
HUTMACHER UND
LADE DEINE FREUNDE
ZU EINER
NICHT-GEBURTSTAGSFEIER
EIN.

SAGE EINEM
lieben MENSCHEN,
WIE SCHÖN *bunt*
ER *dein Leben*
MACHT.

Schreibe spontan
drei Dinge auf, die
du gerne ändern würdest.

UND DANN ÄNDERE SIE!

GEHE MAL WIEDER
IN DEN ZOO
UND BEOBACHTE DEIN
LIEBLINGSTIER.

Schlafe unter den Sternen.

HÄNGE EINE
LICHTERKETTE AUF –
FÜR MEHR
Lichtmomente
AN GRAUEN TAGEN.

ERLEDIGE

ENDLICH ETWAS, DAS DU
SCHON LANGE VOR DIR
HERSCHIEBST. UND VERGISS NICHT,
DICH HINTERHER DARÜBER
ZU FREUEN, DASS DU ES
ERLEDIGT HAST.

DRINGENDES TO-DO: Seifenblasen PUSTEN und Luftschlösser BAUEN.

VERPASSE ALTEM
EINEN NEUEN LOOK:
MACHE AUS DEINEM
LANGWEILIGSTEN T-SHIRT
EIN ECHTES
DESIGNER-STÜCK.

LÄCHLE
EINEM FREMDEN
MENSCHEN
AUF DEM WEG
ZUR ARBEIT
ZU.

VERGISS MAL KALORIENANGABEN UND HEALTHY FOOD! SCHLAGE DIR DEN BAUCH MIT ZUCKERWATTE ODER POPCORN VOLL.

ENTSPANNE DICH
BEI EINER GEFÜHRTEN
MEDITATION
ODER TRAUMREISE.

Halte dein Gesicht
in die Sonne
und tanke
gute Laune.

SCHREIBE DEINEM ZUKÜNFTIGEN ICH EINEN BRIEF MIT DEN SCHÖNSTEN ERINNERUNGEN BIS ZU DEM HEUTIGEN TAG.

PROBIERE EINE NEUE KAFFEESORTE AUS.

Kaufe dir ein Los
und male dir aus,
was du mit
DEINEM GEWINN
alles anstellen
würdest.

NIMM EINFACH MAL
EINEN ANDEREN WEG
NACH HAUSE.

LIES ETWAS
ÜBER EINE
fremde KULTUR
ODER RELIGION.

SCHALTE
DEIN *Handy*
FÜR EINEN TAG AUS
UND LEBE NUR
IM *Moment.*

Kaufe dir eine Tageszeitung und lies nur die »schönen« Nachrichten.

ÄNDERE DOCH MAL DEINEN BLICK AUF DIE WELT: MACHE EINEN HANDSTAND.

SUCHE DEINE
SCHÖNSTEN BILDER
HERAUS UND KLEBE SIE
IN EIN FOTOALBUM.
WENN DU MÖCHTEST,
KANNST DU JEMANDEM
MIT DIESEM
ERINNERUNGSSCHATZ
EINE FREUDE
MACHEN.

Spende GELD FÜR EINEN GUTEN Zweck.

SUCHE DIR EINE
GASSI-BETEILIGUNG
ODER EINEN »LEIH-HUND«
IN DER UMGEBUNG UND MACHE
EINEN AUSGIEBIGEN SPAZIERGANG.

(DEN SPAZIERGANG KANNST DU ABER
AUCH OHNE VIERBEINER GENIESSEN.)

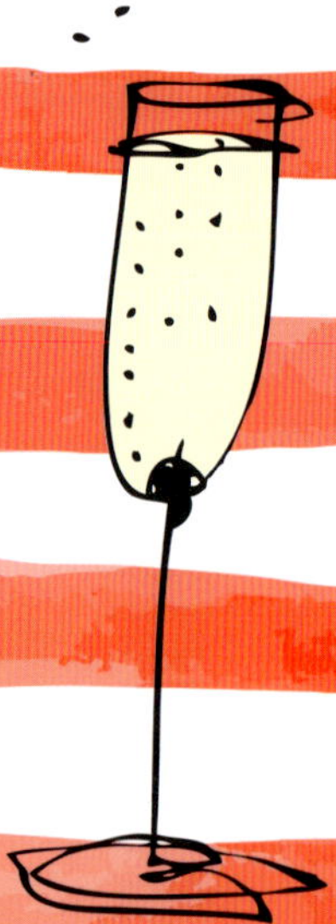

Gönne dir ein Glas Sekt zum Frühstück.

SCHENKE DEINEM
LIEBLINGSMENSCHEN
EINEN KUSS ODER
EINE UMARMUNG.

Einfach so.

WO DU AUCH BIST,
SAMMLE **KLEINE** ERINNERUNGSSTÜCKE
WIE **MUSCHELN**, STEINCHEN,
BLÜTEN ODER BLÄTTER UND
HEBE SIE IN EINER **SCHÖNEN KISTE**
ALS **ANDENKEN** AUF.

Lust auf ein wenig Abwechslung?

Räume dein Zimmer
oder deine Wohnung um.

KAUFE DIR EINEN ALTEN LITERATUR-KLASSIKER, DEN DU SCHON IMMER EINMAL LESEN WOLLTEST.

IM LEBEN
GEHT ES NICHT
UM DIE TO-DOS,
SONDERN UM
DIE TADAAAS!

HALTE JEDEN TAG
ETWAS FEST, WAS DU
GESCHAFFT HAST.

Schreibe einen parfümierten Liebesbrief an deinen heimlichen oder deinen ganz offiziellen Schwarm.

Vom Mond aus betrachtet, spielt das alles gar keine so große Rolle. Das ist dein neues MANTRA für ein bisschen mehr Schulterzuck-Mentalität.

HALTE IN EINER STERNENKLAREN NACHT AUSSCHAU NACH STERNSCHNUPPEN.

(WENN GAR KEINE STERNSCHNUPPEN AUFTAUCHEN, DARFST DU DEINEN WUNSCH AUCH SO ZU DEN STERNEN SCHICKEN.)

GÖNNE DIR
EIN BISSCHEN WELLNESS –
EINE NEUE BODYLOTION,
EIN SCHAUMBAD, EINE
MASSAGE ODER EINEN ABEND
IN DER SAUNA.

Male mit bunter Straßenkreide auf den Bürgersteig vor deinem Haus.

(Wenn kein schönes Wetter ist, kannst du mit Steinchen oder Stöckchen auch eine Gute-Laune-Botschaft legen.)

ENTRÜMPLE
DEINEN KLEIDERSCHRANK
UND FREUE DICH
ÜBER DIE VIELEN
TOLLEN FUNDSTÜCKE,
DIE DU SCHON VERLOREN
GEGLAUBT HAST.

Gönne dir einen Tag ganz ohne Termine.

Vielleicht meldest du dich sogar krank?

STREU KULTUR IN DEIN LEBEN UND BESUCHE EIN MUSEUM.

(Eine schöne Idee

für deinen terminfreien Tag.)

FAHRE SPONTAN ANS MEER
UND LASS DIR DEN WIND
UM DIE NASE WEHEN.
(Wenn dir das zu spontan
und das Meer zu weit weg ist,
fahre an einen See.)

MACHE EINEN STÄDTETRIP VOR DER HAUSTÜR UND ERKUNDE DEINE UMGEBUNG WIE EIN ECHTER TOURIST. MIT OFFENEN AUGEN UND OHREN, DIE KAMERA IMMER GRIFFBEREIT.

Mache
jemandem
ein kleines
Kompliment.

VERABREDE DICH ZU EINEM ALTEN SCHWARZ-WEISS-FILM UND KLEIDE DICH ZU DIESEM DATE WIE EINE STILECHTE FILMDIVA.

Iss einen Tag lang
nur **grüne** Lebensmittel:
Weintrauben, Gurken, Brokkoli,
Melone, grünes Thaicurry,
grüne Gummibärchen ...

GEHE IN DIE STADTBIBLIOTHEK
UND LEIHE DIR EIN BUCH AUS,
DAS EIGENTLICH SO GAR NICHT DEIN GESCHMACK IST.
VIELLEICHT WIRST DU POSITIV ÜBERRASCHT.

Schicke
einem lieben Menschen
eine Postkarte.

Diamonds are a girl's best friend.

Kaufe dir etwas Funkelndes
und führe dein neues Schmuckstück
auch gleich stilecht aus.

SIEH DIR EIN
Schmink-Tutorial AN
UND PROBIERE EINEN
NEUEN **Look** AUS.

Iss einen Tag lang nur Dinge,

die mit »M« anfangen:

Mangos, Mozzarella, Maiswaffeln,

Magerquark, Marzipan ...

MIXE DIR EINEN SUNDOWNER,
SETZE DICH AUF DEN BALKON ODER ANS FENSTER
UND SCHAUE ZU, WIE DIE SONNE
AM HORIZONT VERSCHWINDET.

Springe
in eine Pfütze,
fange Schneeflocken
mit der Zunge

oder laufe
über ein Feld und
lass dir den Wind um
die Nase wehen –

mache etwas ohne
Sinn und Zweck!

Erweitere deinen Horizont
und lerne heute ETWAS NEUES!
Es darf auch etwas ganz
Kleines sein, wie ein Satz
in einer FREMDEN SPRACHE.

GEHE
FRÜHER
SCHLAFEN
ALS
GEWÖHNLICH.

BESORGE DIR EINEN BUNTEN REGENSCHIRM ODER FARBIGE GUMMISTIEFEL – SO BEKOMMEN SELBST DIE GRAUEN TAGE ETWAS MEHR FARBE.

ORGANISIERE EINEN MOTTO-TAG IN DER ARBEIT. BLUE MONDAY, WILD WEDNESDAY ODER FREAKY FRIDAY?

LUST AUF EIN ABENTEUER?

Dann schalte eine Suchanzeige in der Zeitung und triff dich mit einem Menschen, der sich gemeldet hat und sympathisch wirkt.

(Oder antworte einfach nur auf eine Anzeige.)

TÜFTLE MIT DEINER BESTEN FREUNDIN
EINEN GEHEIMEN PLAN AUS,
WIE IHR DIE WELTHERRSCHAFT
AN EUCH REISSEN KÖNNT.

Mache eine Liste mit den Ländern,
DIE DU SCHON BESUCHT HAST, UND SCHREIBE JEWEILS
EINE SCHÖNE ERINNERUNG AN DEINE REISEN AUF.

Mache eine Liste mit den Ländern,

DIE DU NOCH BESUCHEN WILLST, UND SCHREIBE AUF, WARUM DU UNBEDINGT DORTHIN FAHREN MÖCHTEST.

BLÄTTERE **ZEITSCHRIFTEN** DURCH UND SCHNEIDE ALLES AUS, WAS DIR **GEFÄLLT** ODER WAS DU GERNE HÄTTEST: **TRAUMMANN**, TRAUMHAUS ODER WOHNUNG, MÖBEL, AUTO. DANN KLEBE ALLES ZU EINER SCHÖNEN **COLLAGE** ZUSAMMEN UND HÄNGE DEIN **TRAUMLEBEN** ALS KLEINE MOTIVATION AUF.

LADE DEINE FREUNDE
ZUM *Waffelnessen* EIN.
ODER NOCH BESSER –
LADE *dich selbst*
BEI DEINEN FREUNDEN EIN.

Scrolle blind

durch deine Anrufliste, **stoppe**

irgendwann und **öffne** die Augen.

Schicke dem Menschen,

dessen Nummer du gerade siehst,

einen **SMS-Gruß**.

AUSFLUG
IN DEINE KINDHEIT:
MACHE DIR
EINE SCHÖNE BLUMENKETTE!

(WENN GERADE NICHTS BLÜHT, DANN MACHE DIR
EINE KETTE AUS BUNTEN GLAS- ODER HOLZPERLEN.)

Veranstalte
einen Karaoke-Abend
mit deinen Freundinnen.
Wenn ihr schon geübt seid,
dann traut euch in eine
Karaoke-Bar.

GEWOHNHEITEN ÄNDERN SICH HIN UND WIEDER – *probiere* EIN OBST, DAS DU EIGENTLICH *nicht* MAGST.

GEHE IN DEINER STADT DEN FRÜHLING SUCHEN.
ODER DEN HERBST ODER DEN WINTER
ODER DEN SOMMER!
WIE VERÄNDERN DIE JAHRESZEITEN
DEINE UMGEBUNG?

ERFINDE DICH IMMER WIEDER NEU!
SCHREIBE ZUM BEISPIEL EINEN TAG LANG
KONSEQUENT MIT DEINER LINKEN
(ODER WENN DU LINKSHÄNDER BIST,
MIT DER RECHTEN) HAND.

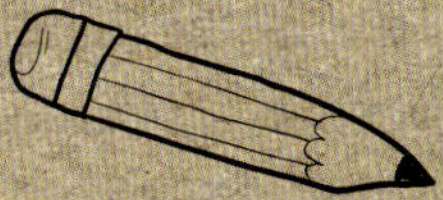

BESUCHE
EINE *Bar*,
IN DER DU
FRÜHER
Stammgast
WARST.

Sieh dir
eine Dokumentation
zu einem Thema an,
das dir bisher noch
ganz unbekannt
war.

Bringe jemandem etwas bei, das du *gut* kannst.

MACHE ETWAS,
WOVOR DU ANGST HAST,
UND FREUE DICH DANN,
DASS DU MUTIG GENUG WARST,
ÜBER DEINEN SCHATTEN
ZU SPRINGEN.

Vorfreude
ist die schönste Freude!
Spare auf etwas,
von dem du schon
lange träumst.

PACKE EINEN PICKNICKKORB RANDVOLL MIT KÖSTLICHKEITEN UND FAHRE INS GRÜNE.

(BEI SCHLECHTEM WETTER KANNST DU DAS PICKNICK AUCH EINFACH AUF DEINEN WOHNZIMMERBODEN VERLEGEN.)

Schenke
JEMANDEM
deine ungeteilte
AUFMERKSAMKEIT.

PROBIERE
EINEN TAG LANG,
IN EINEM ANDEREN
DIALEKT ODER EINER
ANDEREN SPRACHE
ZU SPRECHEN.

VERKAUFE ETWAS,
DAS DU NICHT MEHR
BRAUCHST.

VERSCHENKE ETWAS,

DAS DU NICHT MEHR

BRAUCHST.

GEHE AUF EINE KOSTÜMPARTY UND »LEBE« DEN GANZEN ABEND DEINE VERKLEIDUNG.

Mache
ein Nickerchen
in einer Hängematte.
Mache überhaupt
MEHR NICKERCHEN.

VERZICHTE AUF DIE
EINE ODER ANDERE FOLGE
DEINER LIEBLINGSSERIE
UND LIES STATTDESSEN
EIN **BUCH** ODER
EINE **ZEITSCHRIFT.**

MACHE ES WIE
DEINE OMA FRÜHER:
SELBST GEMACHT
STATT GEKAUFT.
KOCHE MARMELADE ODER
BACKE EIN BROT.

GEHE IN EINEN
Spielzeugladen
UND SUCHE NACH
DEN Spielsachen
AUS DEINER
Kindheit.

Klettere auf einen Baum.

SO VIELE BÜCHER, SO WENIG ZEIT!
LASS DICH IN EINEM KLEINEN BUCHLADEN BERATEN UND KAUFE DAS BUCH AUCH DIREKT DORT.

OB MIT PINSEL UND WASSERFARBEN,
MIT BUNTSTIFTEN ODER KREIDE –
WECKE DEINE KREATIVEN GEISTER
UND MALE EIN BILD.

LAUFE MAL
WIEDER ROLLSCHUH
ODER FAHRE
SCHLITTSCHUH.
(Je nach Jahreszeit.)

Löse ein KREUZWORT-RÄTSEL.

Denke dir für schlaflose Nächte eine Gutenachtgeschichte für dich selbst aus.

FORDERE DEINE KREATIVITÄT HERAUS UND KOCHE EIN LECKERES ESSEN. VERWENDE DABEI NUR, WAS DU IM KÜHLSCHRANK FINDEST.

Verleihe deinem Leben etwas romantischen Kitsch und schaue dir einen Liebesfilm an.

Häkeln,
Stricken, Nähen,
Basteln oder Malen:
Mache etwas
selbst!

Bringe ein ausgelesenes **Buch** zu einem **öffentlichen Bücher**schrank.

SPIELE HEUTE JEMANDEM
EINEN KLITZEKLEINEN STREICH –
NICHTS GEMEINES NATÜRLICH.

BEGINNE
EIN TRAUMTAGEBUCH
UND SCHREIBE NUR
DIE SCHÖNEN
TRÄUME AUF.

RETTE DIE BIENEN!
Pflanze bunte Blumen im Garten, auf deinem Balkon oder der Fensterbank.

BLEIBE
SO LANGE WACH,
BIS DIE SONNE
WIEDER AUFGEHT, UND
VERSCHLAFE DANN
DEN GANZEN
TAG.

Laufe öfter
mal barfuß.
(Im Wohnzimmer
zählt auch.)

Bastle eine bunte Wimpelkette fürs Büro und hänge sie immer dann auf, wenn ein Kollege oder eine Kollegin etwas gut gemacht hat.

Backe Kekse in Sternform. Immer, wenn du einen isst, darfst du dir etwas wünschen!

MALE EINE SCHATZKARTE ZU EINEM IMAGINÄREN GOLDSCHATZ UND VERSTECKE SIE IRGENDWO IM WALD. VIELLEICHT WIRD DEINE KARTE IRGENDWANN MAL GEFUNDEN …

MACHE ES WIE DIE SCHILDKÖRTE:
LASS DIR HEUTE EINFACH MAL ZEIT.

WENN ES **KEIN MORGEN** GÄBE,
WAS **WÜRDEST** DU TUN?
UND WARUM **TUST DU** ES NICHT EINFACH,
OBWOHL ES EIN MORGEN GIBT?

BELOHNE DICH
MIT EINEM
LECKEREN
PUDDING.

KAUFE DIR MIT EINER FREUNDIN ODER EINEM FREUND EIN PAAR WEINFLASCHEN UND MACHT EURE GANZ PRIVATE VERKOSTUNG. SCHWENKT UND SCHNUPPERT UND PRAHLT MIT EUREM »EXPERTENWISSEN« UM DIE WETTE.

Stelle dir vor,
du würdest in der
WÜSTE wohnen.
Wie anders würde
dein ALLTAG
aussehen?

BESUCHE EINEN FLOHMARKT UND BEGIB DICH AUF SCHATZSUCHE.

SCHAUKLE SO LANGE,
BIS DIR *schwindlig*
WIRD.

VERSUCHE DICH
AN EINEM PUZZLE,
STATT LUSTLOS DURCH DAS
FERNSEHPROGRAMM
ZU ZAPPEN.

STELLE DIR DEIN NEUES LIEBLINGSOUTFIT ZUSAMMEN. DABEI IST ES GANZ EGAL, OB DU ALTE DINGE NEU KOMBINIERST ODER SHOPPEN GEHST – HAUPTSACHE, DU HAST SPASS!

Backe
einen Kuchen –
für dich ganz
allein.

WENN DAS LEBEN DIR
ZITRONEN GIBT,
MACH LIMONADE DRAUS!
VERSUCHE EINMAL, NUR
DAS POSITIVE ZU SEHEN.

TESTE EIN NEUES
RESTAURANT.

Verbringe einen Abend bei Kerzenschein.

SCHREIBE EINE BUCKET LIST
MIT ALL DEN DINGEN,
DIE DU NOCH SEHEN
ODER ERLEBEN MÖCHTEST.

VERBREITE HEUTE ETWAS **CHAOS!**
ABSPÜLEN, AUFRÄUMEN ODER
STAUBSAUGEN IST STRENGSTENS VERBOTEN –
GIB DEINEM ORDNUNGSFANATIKER EINEN TAG
FREI UND GENIESSE DIE UNORDNUNG.

Lackiere DEINE FINGER- ODER FUSSNÄGEL IN bunten FARBEN.

PFLÜCKE
EINEN BUNTEN
BLUMENSTRAUSS AUF
EINEM FELD ODER EINER WIESE.
WENN GERADE NICHTS BLÜHT,
KAUFE DIR ETWAS SCHÖNES
BEIM FLORISTEN.

Auch wenn es nicht
FRÜHLING ist:
Mache einen FRÜHJAHRSPUTZ
und setze den DRECK
vor die Tür!

Mache dir dein Leben selbst etwas BUNTER – führe dich ins Kino aus.

ORGANISIERE EINE KLEINE SCHNITZELJAGD FÜR DEINE FREUNDE! WENN DIR DAS ZU VIEL ARBEIT IST, DANN VERABREDET EUCH ZUM GEOCACHING.

Stehe morgens ganz früh auf,

um dir den Sonnenaufgang

anzusehen.

WENN DICH DER ALLTAG NERVT,
DANN PLANE DEINE FLUCHT. WO KÖNNTE
DEIN NÄCHSTER URLAUB HINGEHEN?
VIELLEICHT LÄSST DU DICH MAL IM REISEBÜRO
BERATEN ...

SUCHE DIR EINEN
SCHÖNEN SPRUCH
UND MACHE IHN
ZU DEINEM
TAGESMANTRA.

Backe bunte Muffins,
mit tonnenweise Zuckerstreuseln
und Lebensmittelfarbe, wie für einen
Kindergeburtstag. Überrasche damit
deine Kollegen und Kolleginnen.

Tue etwas für deine kulturelle Bildung – besuche eine Kunstausstellung, ein Konzert oder eine Lesung.

WAS STEHT
IN DEN STERNEN GESCHRIEBEN?
FINDE ES HERAUS UND LIES DEIN TAGESHOROSKOP!
AM BESTEN **ZWEI** UNTERSCHIEDLICHE,
DANN KANNST DU DIR
DAS **BESSERE** AUSSUCHEN.

BeYOUtiful

TRAU DICH, **DU** ZU SEIN, UND LASS HEUTE MAL **ALLES** WEG: SCHMINKE, SCHMUCK, ACCESSOIRES …

PROBIERE EIN NEUES *Hobby* AUS.

MACHE DEIN ZUHAUSE ZU DEINEM LIEBLINGSORT:
DUFTENDE KERZEN, BUNTE WÄNDE,
KUSCHELIGE KISSEN, LUFTIGE VORHÄNGE …
AUF INS MÖBELHAUS!

BASTLE EIN BIERQUIZ FÜR DEINE FREUNDE! DENKE DIR KNIFFLIGE, UNGEWÖHNLICHE UND WITZIGE FRAGEN AUS UND SCHREIBE SIE AUF. DANN ÜBERKLEBST DU DIE ETIKETTEN DER BIERFLASCHEN MIT DEN FRAGEN, AUF DEN BODEN KOMMT DIE ANTWORT. NUR WER DIE FRAGE RICHTIG BEANTWORTET, BEKOMMT EIN BIER.

SPIELT FLASCHENDREHEN

MIT DEM LEERGUT VOM BIERQUIZZEN.

(Oder mit anderen leeren Flaschen.)

Der schönste Rückzugsort der Welt? Das eigene Bett!

Und damit das auch so bleibt, gönne dir ein neues Kissen, kuschelweiche Bettwäsche oder einfach nur frisch gewaschene Bezüge.

HÖRE
MEHR
RADIO.

Sieh dir die Fotoalben
deiner Eltern oder Großeltern an.
Am **besten** mit ihnen
zusammen!

HAST DU EINEN GUTE-LAUNE-SONG? DANN DREHE IHN GANZ LAUT AUF UND TANZE DICH GLÜCKLICH.

Schenke
deiner Mama
einen bunten
Blumenstrauß.

BRINGE ETWAS ORDNUNG IN DEIN LEBEN!
ORDNE HEUTE DEINE SOCKEN
NACH IHRER FARBE ODER DEINE BÜCHER
NACH DEM ALPHABET.

Verlasse mal deine
Komfortzone und kaufe
einen anderen Joghurt
als sonst.

Verbringe einen **Tag** in den Bergen –
keine **Sorge**, du musst nicht
bis ganz hoch zum **Gipfelkreuz**.

Schreibe am Abend ein Gedicht über deinen Tag.

(Ein Zweizeiler würde auch reichen oder Stichworte.)

KOCHE DICH EINE WOCHE LANG DURCH FREMDE UND EXOTISCHE KÜCHEN UND ENTDECKE SO NEUE LIEBLINGSGERICHTE.

ABWECHSLUNG TUT GUT – TAUSCHE DIE FOTOS IN DEINEN BILDERRAHMEN AUS.

Statt in Bus oder Bahn
auf dein Handy zu starren,
beginne lieber mal ein
Gespräch mit einem Mitreisenden.
Vielleicht wird die Fahrt
so ein wenig interessanter?

GEBURTSTAG IST DOCH EINFACH DER SCHÖNSTE TAG, UND DARUM, SOLLTEST DU IHN AUCH UNBEDINGT VERLÄNGERN! PLANE SCHON MAL DEINE GEBURTSTAGSWOCHE – 7 TAGE VOLLER TOLLER ERLEBNISSE UND GLÜCKSMOMENTE.

(FALLS DEIN GEBURTSTAG SCHON VORBEI IST: PLANE FÜR DEINEN LIEBLINGSMENSCHEN.)

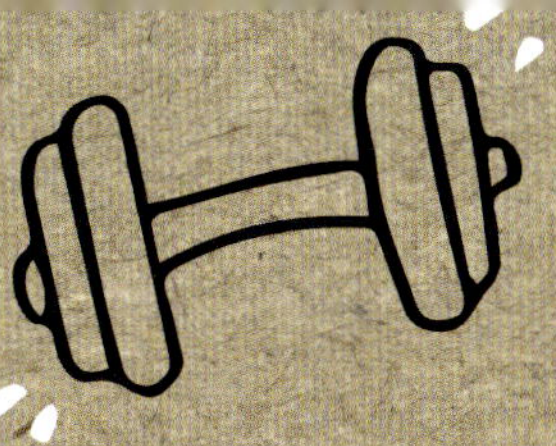

Mache Sport,
um angestaute Energie
loszuwerden oder um
neue Kraft zu tanken.

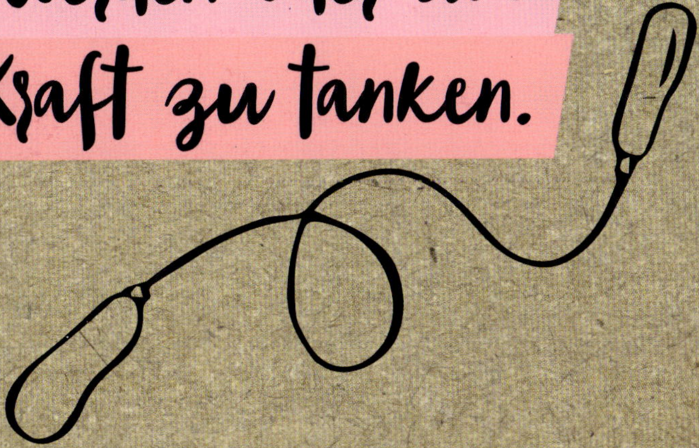

Erledige deinen Haushalt
noch bevor du zur Arbeit gehst.
So hast du nicht nur ein kleines

ERFOLGSERLEBNIS am Morgen,
sondern freust dich am Abend auch,
in eine **AUFGERÄUMTE WOHNUNG**
zu kommen.

Lies dir alte
Geburtstags- und
Postkarten durch und
freue dich über
die lieben Zeilen.

LEIHE DIR EINEN KLEINEN ROLLER AUS UND FAHRE EINFACH INS BLAUE. (DU KANNST AUCH DAS FAHRRAD NEHMEN, ABER DAS IST NUR HALB SO SPASSIG.)

BESUCHE DIE LETZTE VORSTELLUNG EINES GRUSELFILMS IM KINO. NUR UM FESTZUSTELLEN, WIE FROH DU BIST, ENDLICH SICHER DAHEIM ZU SEIN.

Plane *heimlich*
ein Familientreffen.

ENTDECKE DAS MODEL IN DIR!

Wirf dich in dein LAUFSTEG-OUTFIT und
greif mal so richtig tief in die SCHMINKKISTE.

GENIESSE EIN AUSGIEBIGES FRÜHSTÜCK IM WARMEN UND KUSCHELIGEN BETT.

KRAME MAL IN DEINEM **GEDÄCHTNIS** UND SCHREIBE ZU **JEDEM** DEINER BISHERIGEN LEBENSJAHRE EINE BESONDERE ERINNERUNG AUF.

Kaufe dir deinen Lieblingsduft.

LASS EINEN LUFTBALLON
MIT BALLONFLUGKARTE STEIGEN!

Mit etwas Glück findet jemand deinen Ballon
und schickt dir deine Karte zu,
damit dein Wunsch in Erfüllung geht.

Tue etwas GUTES
und KAUFE
zum BEISPIEL eine
Obdachlosenzeitung.

GEGEN **FERNWEH** HILFT NUR
EINE **KARIBISCHE NACHT** BEI DIR ZU HAUSE!
MIT KOKOSNUSSMILCH-**COCKTAILS**,
TROPISCHER DEKO UND EXOTISCHEM FINGERFOOD.
ALLE GÄSTE TRAGEN **BADESACHEN**
UND **FLIP-FLOPS**, DIE EINTRITTSKARTE
IST EIN **HANDTUCH**.

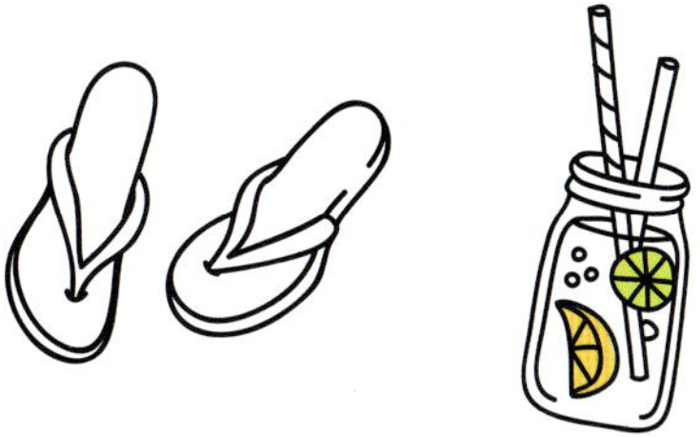

NUTZE EINE schlaflose Nacht
UND MACHE EINEN SPAZIERGANG
IM Mondschein.

ÜBERLEGE DIR KLEINE GESCHENKE
FÜR DEINE LIEBLINGSMENSCHEN –
ABER NICHTS MATERIELLES.
LIEBER ETWAS SELBSTGEMACHTES
ODER ZEITGUTSCHEINE?
DENN FREUDE SCHENKEN MACHT
EINFACH GLÜCKLICH!

In einigen Fällen war es nicht möglich, für den Abdruck der Texte die Rechteinhaber zu ermitteln. Honoraransprüche der Autoren, Verlage und ihrer Rechtsnachfolger bleiben gewahrt.

Cover: Iliveinoctober / Shutterstock.com.
Innenteil: Getty Images: S. 4; S. 147: Katerina Koniukhova; S. 6, S. 95, S. 125, S. 167: Ekaterina Skorik; S. 14, S. 29, S. 60, S. 94, S. 130: ElenaMedvedeva; S. 16, S. 70: Kseniya Ozornina; S. 21, S. 165: sv_sunny; S. 22: Khaneeros; S. 25, S. 90, S. 160: Silmairel; S. 32: Yuliya Derbisheva; S. 43, S. 106: L_Kramer; S. 44: Portarefortuna; S. 49, S. 59, S. 135, S. 174: Julia August; S. 50, S. 156, S. 174: Eskemar; S. 52: larisa_zorina; S. 57: Betelgejze; S. 58, S. 143: incomible; S. 61, S. 100: Mimomy; S. 63, S. 122: lavendertime; S. 65, S. 129: ElenaNichizhenova; S. 68: flovie; S. 73: Kili-kili; S. 75: kate_sun; S. 79: Yulia337; S. 82: TatianaDavidova; S. 86, S. 114: Olga_Bonitas; S. 87: Nadydy; S. 88, S. 101: Anna Sokol; S. 89: cat_arch_angel; S. 97: Jana Salnikova; S. 98: thomas-bethge; S. 99: BerSonnE; S. 104: facebook.com/PlargueDoctor; S. 111: Tanya Syrytsyna; S. 113, S. 117, S. 167: Anna Erastova; S. 127: Mila_1989; S. 128: Maria Sidelnikova; S. 132: wacomka; S. 133: avean; S. 150: Karma15381; S. 159: Ekaterina Romanova; S. 164: Azurhino; S. 171: Khaneeros; www.shutterstock.com: S. 2, S. 19, S. 54, S. 55, S. 76, S. 77, S. 83, S. 107, S. 140, S. 154, S. 169: Iliveinoctober; S. 3, S. 112, S. 171: Irtsya; S. 8, S. 148, S. 166: Alona Syplyak; S. 11: Lianna graphics; S. 12, S. 13: Miyu Nur; S. 15: Rachel Rofe; S. 17, S. 20, S. 157: kostolom3000; S. 18: Marina Demidova; S. 19: Iliveinoctober; S. 27, S. 47, S. 66: Inna Moreva; S. 31: Artnis; S. 33, S. 50, S. 69, S. 142: Cute little things; S. 34: Elena Medvedeva; S. 36, S. 37: ivgroznii; S. 38: OLENA KUZNIETSOVA; S. 40, S. 67, S. 170: Perekotypole; S. 42: Nbenbow; S. 51: AlexVector; S. 56: martynmarin; S. 71, S., 151: olgers; S. 74: Claire Plumridge; S. 78: Lidia Kubrak; S. 81: Khadunova Yanina; S. 84, S. 120: ColorMaker; S. 109, S. 153, S. 163: MYMNY; S. 110: Color Brush; S. 118: Anna Kutukova; S. 121: Nicetoseeya; S. 123: orangeberry; S. 124: YulyYulia; S. 134: Roman Sigaev; S. 136: altelia; S. 138: Tanya Syrytsyna; S. 145: Anna Luna; S. 152: lena_nikolaeva; S. 168: in_dies_magis; S. 173: Vladushka.
Hintergründe / Vignetten / Illustrationen: Getty Images: melazerg; Greeek; Hulinska_Yevheniia; www.shutterstock.com: Artnis; Irtsya; matin; ankomando; mhatzapa; Amma Shams; quinky; Anna_Sokol; Anne Punch; Yulia Aksa; kidstudio852; Magnia; Nikolaeva; April_pie; Orfeev; primiaou; anastasssy.

Cover: arsEdition GmbH
Gestaltung Innenteil: Eva Schindler
Printed by Tien Wah Press
ISBN 978-3-8458-3333-0
1. Auflage
www.arsedition.de

MIX
Papier aus verantwortungsvollen Quellen
FSC® C012700
FSC www.fsc.org